AF335872

ÉTUDE

SUR

L'ACONIT

CONFÉRENCE PUBLIQUE

donnée le 17 mars 1893

à la Mairie du IXe arrondissement de Paris

PAR LE

Dr V. LÉON SIMON

Secrétaire général de la Société française d'Homœopathie.
Médecin à l'hôpital Hahnemann.

PARIS

TYPOGRAPHIE A. DAVY

52, RUE MADAME, 52

1893

ÉTUDE

SUR

L'ACONIT

ETUDE

SUR

L'ACONIT

CONFÉRENCE PUBLIQUE

donnée le 17 mars 1893

à la Mairie du IXe arrondissement de Paris

PAR LE

Dr V. LÉON SIMON

Sécrétaire général de la Société française d'Homœopathie.
Médecin à l'hôpital Hahnemann.

PARIS

TYPOGRAPHIE A. DAVY

52, RUE MADAME, 52

1893

ETUDE

SUR

L'ACONIT

Messieurs (1),

Vous avez appris, dans les conférences précédentes, ce qu'est l'homœopathie, quels sont ses principes, sa méthode, ses rapports avec la science moderne et quelques-unes de ses applications au lit du malade. Il ne nous reste plus, pour compléter notre enseignement, qu'à vous entretenir de ses moyens d'action, c'est-à-dire des instruments dont elle se sert pour guérir ou, si vous aimez mieux, de ses médicaments. C'est ainsi que, pour former un guerrier, on ne se contente pas de lui enseigner la stratégie, la tactique, l'emploi combiné des différentes armes, mais on lui met un fusil entre les mains, on lui en montre le mécanisme, la portée et on l'exerce au tir. Le médicament que nous avons choisi pour type est l'*aconit*, parce que c'est un des plus anciennement connus, des mieux étudiés et l'un de ceux dont nous

(1) Du 6 janvier au 24 mars 1893 une série de conférences publiques sur les points essentiels de la doctrine homœopathique a été professée, dans une salle de la mairie du IX⁰ arrondissement, par MM. les docteurs Gonnard, Jousset père et fils, Léon Simon père et fils, Love, Parenteau, Tessier et M. Ecalle, pharmacien. La présente conférence est la onzième.

nous servons le plus souvent. Nous allons vous exposer 1° comment les homœopathes ont étudié l'aconit ; 2° quelle est l'action de l'aconit sur l'homme sain ; 3° comment les homœopathes utilisent l'aconit. Et comme nous agissons de même à l'égard de tous les agents de la matière médicale, vous saurez ainsi comment nous étudions et comment nous utilisons un médicament.

I

L'aconit est, vous le savez, un végétal de la famille des Renonculacées, genre *Aconitum*. Nombreuses en sont les espèces et toutes plus ou moins vénéneuses. L'espèce officinale par excellence, la seule dont nous nous occuperons, est l'aconit napel, *A. napellus*. Je ne vous citerai que pour mémoire l'aconit tue-loup, *A. lycoctonum*, que Pétroz a consciencieusement étudié, mais dont nous n'avons pas tiré grand parti. Toutes les espèces contiennent un alcaloïde commun, l'aconitine, et d'autres principes actifs comme la napelline, l'aconine, etc. Mais je laisse complètement de côté le point de vue botanique, chimique, pharmacologique et médicolégal de la question pour m'en tenir exclusivement au point de vue physiologique et thérapeutique. Sachez seulement que rien n'est variable comme le degré d'activité de l'aconit suivant sa provenance, c'est-à-dire suivant qu'on l'a recueilli dans les Vosges, dans les Alpes ou dans les Pyrénées. Chose singulière, l'aconitine cristallisée elle-même est tout aussi inconstante. Cela nous explique pourquoi quelques individus ont pu prendre à la fois 50 et 100 gouttes sans rien éprouver, tandis que d'autres ont été incommodés par 3 gouttes et même moins. Mais, s'il faut en croire Burggraeve, les différences ne portent que sur le degré d'activité ; les effets physiologiques et thérapeutiques, à part les doses, sont les mêmes avec des aconitines de puissance inégale. Je partage sur ce point l'opinion du père de la dosimétrie, de même qu'il fait bien, à mon avis, de préparer ses granules dans la bassine avec du sucre de lait pour excipient ; son seul tort, en agissant ainsi, est de plagier Hahnemann.

La préparation généralement employée par Hahnemann et ses disciples dans leurs essais est la teinture-mère, dont ils prenaient un nombre variable de gouttes. L'un d'eux, Wachtl, a eu la curiosité d'étudier l'olfaction et a gardé un flacon de teinture sous le nez pendant cinq minutes. Je ne vous recommande pas ce procédé parce qu'il peut induire en erreur. En effet, l'alcool étant très volatil, on a des chances, pendant une aspiration aussi prolongée, d'en absorber une plus grande quantité que de principe médicamenteux. Cependant il ne faut pas rejeter l'expérience de Wachtl, car les quelques symptômes qu'il a éprouvés n'ont rien de commun avec l'ivresse et concordent au contraire avec les accidents dus à l'aconit introduit par une autre voie. D'autres expérimentateurs un peu fantaisistes ont appliqué sur la langue un morceau de racine ou le bouchon d'un flacon de teinture. Un autre, Siegel, a mâché de la racine. Cette mastication est un procédé renouvelé des Grecs, car Nicandre, né à Colophon, en Ionie, médecin et prêtre d'Apollon sous Attale, roi de Pergame, y fait allusion. Toutes ces variantes ont peu d'importance. L'étude la plus remarquable que nous possédions sur l'aconit est celle qu'a entreprise la société homœopathique de Vienne. Voici comment elle est appréciée par M. le professeur Imbert-Gourbeyre, de Clermont-Ferrand, dans

un mémoire inédit qu'il a eu la bonté de nous communi-
quer : « Cette monographie est une des plus belles études
« expérimentales qui ait été faite sur l'aconit : c'est le
« procès-verbal d'expériences auxquelles se livrèrent
« pendant des semaines et des mois des médecins de
« Vienne : treize docteurs en médecine, un étudiant et
« deux femmes. La plupart avaient embrassé la réforme
« hahnemannienne et ont laissé un nom dans l'Ecole. Les
« expériences se firent dans les trois ou quatre pre-
« miers mois de l'année 1843. Les expérimentateurs
« ignoraient tous le nom du médicament à l'étude. L'al-
« coolature d'aconit fut préparée d'après le procédé
« hahnemannien. Les doses furent surtout massives et
« portées parfois à des quantités réellement toxiques.
« On arrivait graduellement à prendre en une seule fois
« 20, 40, 80 et 100 gouttes ; deux expérimentateurs arri-
« vèrent à 200 et à 400. Je tiens à reproduire tous les
« noms de ces hommes dévoués à la science. »

Sur ces dix-sept noms je n'en retiendrai que trois,
ceux de Reisinger, qui a pris 200 gouttes, Schwarz, qui
en a pris 400 et la femme du Dr Gerstel. Celle-ci a été
quelque peu imprudente, car elle s'est soumise à l'action du médicament étant nourrice. Enfin l'histoire ne
parle pas de son nourrisson, et les nourrissons sont
comme les peuples, heureux ceux qui n'ont pas d'histoire.
Il y a un côté intéressant dans le fait de Me Gerstel,
c'est qu'il prouve combien tout ce qui se rattache à la
maternité rend impressionnable le tempérament de la
femme. Pendant l'allaitement elle prend seulement
6 gouttes en deux fois, à vingt-quatre heures d'intervalle, et elle est sérieusement incommodée : chaleur et
rougeur de la face, suivies de frisson dans le dos, de
froid aux extrémités, perte de l'appétit et sommeil trou-

blé. Quatre mois après le sevrage elle prend 20 gouttes en une fois et ne remarque rien que l'apparition, au bout de plusieurs jours, d'un exanthème miliaire sur le haut du corps.

Cinq des expérimentateurs viennois, Arneth, Sterz, Wurmb, Watzke et Zlatarowitch, essayèrent des dilutions, depuis la 12e jusqu'à la 1re. Avec la 12e et la 10e ils n'ont rien obtenu, mais les autres, à partir de la 8e, donnèrent des effets positifs. Et ne croyez pas qu'ils aient procédé à la légère. Le plus timide, après l'insuccès de la 12e et de la 10e, a pris 10 gouttes de la 8e en trois fois, à deux heures d'intervalle. Les autres absorbaient à la fois de 10 à 100 gouttes, voire même une cuillerée à café, y revenaient deux ou trois fois en vingt-quatre heures et continuaient ainsi pendant plusieurs jours. Vous voyez donc que toutes les précautions ont été prises pour qu'on ne puisse pas attribuer à l'auto-suggestion les phénomènes observés.

Depuis cette époque notre zèle ne s'est pas ralenti. Je vous fais grâce de la fastidieuse énumération des hommes de bonne volonté qui se sont succédé et parmi lesquels se trouvent plusieurs Français, mais si vous pensez comme moi que tous ont bien mérité de la science et de l'humanité, votre souvenir reconnaissant ne laissera pas périr les noms de Pétroz, Jablonski et Jousset.

Ce dernier a expérimenté non seulement sur lui-même, mais aussi sur des animaux, ce qui vous prouve que la science de laboratoire est autant en honneur dans notre école que dans l'école allopathique; seulement nous ne l'entendons pas de la même façon. Nous ne lui demandons pas la confirmation d'une théorie physiologique sur les fonctions de tel ou tel organe, nous ne lui demandons pas la satisfaction d'une curiosité scientifique, si légitime soit-elle. Ce que nous lui demandons, c'est un surcroît d'informations dont nous puissions tirer parti dans la pratique, ce sont des accidents graves et des lésions peu compatibles avec la vie, qu'il serait criminel de poursuivre chez nos semblables. Mais il ne nous serait jamais venu à l'esprit, comme à un physiologiste qui vivait il y a une trentaine d'années, de rechercher l'action de la digitale sur le cœur en arrachant le cœur d'un animal vivant pour le saupoudrer de poudre de feuille ou le plonger dans un récipient plein de teinture du végétal.

Les cas d'empoisonnement nous ont fourni une mine précieuse à laquelle nous avons largement puisé. Il s'en est produit de tout temps, car les peuples les plus anciens se servaient du suc d'aconit pour empoisonner leurs flèches. Depuis, les faits se sont multipliés à tel point qu'il semblerait que les hommes, en se servant de l'aconit, aient plutôt fait appel à son pouvoir de tuer qu'à ses vertus bienfaisantes. Les intoxications sont encore nombreuses de nos jours, mais causées plus souvent par l'aconitine que par le végétal lui-même. Le dernier fait parvenu à notre connaissance est un sextuple empoisonnement sur lequel M. le Dr Vibert et M. l'Hôte ont fait une expertise qui est un modèle du genre. Leur rapport a été publié dans les *Annales d'hygiène publique* (avril, mai 1892).

Les homœopathes, vous le voyez, prennent leur bien partout où ils le trouvent et ne dédaignent pas les travaux de leurs adversaires eux-mêmes. Or, par un singulier hasard, Hahnemann a été devancé et suivi par des allopathes dans l'expérimentation de l'aconit sur le sujet sain. Le premier en date est Mathiole, au xvie siècle. Il opéra, comme on disait alors, *in anima vili*, c'est-à-dire sur des condamnés à mort. En 1648, van Helmont fit des essais sur lui-même ; enfin cent ans plus tard Storck fit également sur lui-même des expériences célèbres, que M. le Dr Piedvache a rapportées et commentées dans un remarquable mémoire intitulé : *Un des précurseurs de Samuel Hahnemann, Antoine de Storck.* Depuis le commencement de ce siècle, le meilleur expérimentateur allopathe est Schneller (1846), qui a procédé exactement comme Hahnemann : il a commencé par un demi-grain (0 gr. 025) d'extrait alcoolique pour terminer par 26 grains ; il en consomma 188 dans tout le cours de ses expériences. Les résultats de cet allopathe concordent parfaitement avec ceux des expérimentateurs viennois.

Permettez-moi, Messieurs, d'insister un instant sur cette concordance, car elle en vaut la peine ; allopathes et homœopathes sont si rarement d'accord ! Laissez-moi vous citer encore M. Imbert-Gourbeyre : « Il en est de « l'aconit comme de l'arsenic ; médecins de toutes les « écoles et de tous les pays, expériments sur l'homme « et sur les animaux, empoisonnements, applications « thérapeutiques, tout est venu attester la vérité de la « pathogénésie hahnemannienne. »

« Oui, le *syllabus* aconitique d'Hahnemann est l'ex- « pression de la vérité ; oui, tous les actes physiolo- « giques décrits par lui ou empruntés à d'autres, sauf « quelques erreurs qui ont été corrigées ou des détails « inutiles, appartiennent en propre à l'aconit et doivent « être acceptés comme des vérités immuables en phar- « macodynamie... Nous avons vu qu'Hahnemann avec « ses disciples et autres a pleinement confirmé Nicandre « sur l'aconit ; réciproquement Nicandre justifie Hahne- « mann, lequel est encore justifié par tous les *observata*

« *aliorum* qu'il a empruntés à ses devanciers ou con-
« temporains. »

Ce n'est pas seulement Nicandre qui justifie Hahnemann, c'est toute la tradition depuis la plus haute anti-
quité jusqu'au xviiie siècle, depuis Nicandre jusqu'à
Storck, en passant par Dioscoride, Pline, Aetius et les
médecins arabes. C'est la postérité qui lui apporte à la
fois l'approbation inconsciente de ses adversaires et le
contrôle plus ou moins bienveillant de ses propres disciples. On a dit souvent, Messieurs, que les homœopathes sont ou des exploiteurs de la crédulité humaine
ou des amis du merveilleux et du mysticisme, enclins
aux engouements irréfléchis, toujours prêts à jurer sur
la parole du maître et ennemis de la critique. Eh bien !
voici ce que pensait de la critique un homœopathe
célèbre, Dufresne père, de Genève, qui écrivait en 1833 :

« La critique est utile, elle est nécessaire, je ne la
crains pas.

« Critiquer mon style serait peine perdue ; je suis
« sans prétention à ce sujet. Je désire être clair, je dé-
« sire être compris, c'est là toute mon ambition.

« Critiquer l'ensemble de mon travail c'est m'obliger ;
« car, mon unique but étant la vérité, elle sortira peut-
« être plus belle des objections qu'on me fera qu'elle ne
« paraît par mes raisonnements. »

C'est justement sur l'aconit que la critique s'est exer-
cée, car l'un des homœopathes les plus érudits, Roth, a
publié en 1841, dans la *Revue critique et rétrospective de
la matière médicale*, un examen sévère de la pathogénésie publiée par Hahnemann dans la deuxième édition
de sa Matière médicale pure. C'est cette édition, l'une
des meilleures œuvres du maître, que mon père et moi
avons traduite récemment.

Vous voyez donc que, si Hahnemann n'a pas eu de Judas parmi ses apôtres, il a eu un saint Thomas. Du reste les objections de Roth nous ont rendu service, car elles ont provoqué, sans aucun doute, le travail de la Société de Vienne.

Vous vous rappelez cette phrase célèbre : Je crois volontiers des témoins qui se font tuer. Eh bien ! quoiqu'aucun de ceux qui ont essayé l'aconit sur eux-mêmes ne l'ait payé de sa vie, vous m'accorderez que ceux qui s'en sont saturés pendant près de trois mois, qui ont pris à la fois 200 et 400 gouttes, se sont exposés sciemment à un réel danger et méritent à ce titre que vous leur ajoutiez foi. Mais à côté du témoignage de ceux qui se font tuer il y a celui de ceux qu'on tue, c'est-à-dire des animaux si souvent sacrifiés dans nos laboratoires. Au langage des êtres privilégiés doués de la raison et de la parole il faut ajouter le langage non moins expressi des êtres inférieurs qui n'ont à leur disposition que le cri de leurs organes souffrants. Or, s'il y a une conformité si complète entre les renseignements puisés à des sources si diverses, entre les recherches faites par des hommes aux convictions les plus disparates et animés des intentions les moins conciliables, vous êtes bien forcés de reconnaître que notre matière médicale est un monument impérissable. Enfin lorsque tout à l'heure je m'appuierai sur ces données et sur la loi des semblables pour en déduire les indications thérapeutiques de l'aconit, indications vérifiées cliniquement, vous serez encore forcés de reconnaître qu'Hahnemann a bien vu, bien observé, et de vous écrier : oui, c'est là qu'est la vérité !

II

Comme tous les médicaments l'aconit se comporte différemment suivant qu'on le donne à dose faible, moyenne ou toxique. Il est évident aussi que son emploi continu a une action plus étendue que des prises isolées; enfin, ses effets diffèrent suivant le tempérament des sujets. Pour m'assurer s'il existait quelque rapport entre les accidents éprouvés et les tempéraments, j'ai parcouru la collection de documents qui constitue ce que nous appelons l'encyclopédie anglo-américaine, parce qu'elle a été rédigée sous les auspices de la Société homœopathique de Londres et de l'Institut homœopathique américain, sous la direction des Drs R. Hughes, d'Angleterre, et Dake des Etats-Unis (1). Abstraction faite d'un sujet qualifié de paysanne saine et robuste, le tempérament n'est indiqué que dix fois et la malechance a voulu qu'il se trouvât sept tempéraments sanguins et trois cholériques, ce que nous appellerions aujourd'hui des tempéraments bilieux. C'est vraiment trop peu varié. Heureusement les antécédents pathologiques des individus ont été notés plusieurs fois d'une façon moins monotone et ils ont toujours influé sur la nature des accidents observés. Ainsi chez deux expérimentateurs à l'aspect phtisique ou ayant eu des hémoptysies l'aconit agit principalement sur les voies respiratoires et donne des crachats sanglants, même des crachats rouillés. Chez un autre qui a eu précédemment des palpitations de cœur et qui est probablement un peu rhumatisant, prédominance des douleurs dans les membres et

(1) *Cyclopædia of drug pathogenesy*, t. I, p. 72 et suiv.

des palpitations de cœur. Chez un quatrième qui a souffert de rhumatisme et auquel le moindre froid donne la diarrhée, prédominance du refroidissement et des évacuations alvines. Enfin chez le professeur Zlatarowitch, qui a eu des fièvres intermittentes et la fièvre typhoïde, les symptômes les plus accentués sont des frissons, des douleurs de tête et des troubles abdominaux. Cela vous prouve, Messieurs, premièrement que le poison concentre ses efforts sur les points les plus vulnérables et trouve toujours le défaut de la cuirasse ; secondement que l'être vivant ne reçoit pas d'une façon purement passive les coups qu'on lui porte ; chacun pâtit du poison à sa manière. Vous connaissez le jeu de mots italien : *traduttore tradittore.* Eh bien ! l'organisme attaqué par le poison met toujours un peu du sien dans la traduction des injures qu'il subit ; l'agent toxique a beau être toujours le même, l'intoxication varie, parce que son style est travesti par l'individualité de l'empoisonné.

EFFETS DES DOSES MOYENNES. — Je vais vous exposer très brièvement les effets des doses moyennes et des doses toxiques.

A dose moyenne l'aconit commence invariablement par congestionner soit les muqueuses de la bouche et de l'isthme du gosier, soit la base du cerveau. La congestion de la muqueuse buccale se traduit par une sensation de picotement et de fourmillement à la langue, surtout à la pointe, avec chaleur brûlante dans toute la bouche, soulagée par l'aspiration d'air froid et par l'eau froide. Tous ceux qui l'ont éprouvée s'accordent à la comparer à l'effet que produit le poivre ou la menthe. La congestion de l'isthme du gosier se traduit par la rougeur et l'enflure de la luette et du voile du palais.

Elle ne tarde pas à dégénérer en inflammation et ne reste pas longtemps limitée aux organes précités. Elle peut atteindre toutes les muqueuses, depuis la bouche jusqu'au rectum, depuis les fosses nasales jusqu'aux dernières ramifications des bronches, sans excepter la conjonctive et la vessie. Les plus atteintes sont celles du nez, de l'estomac, de la première portion de l'intestin grêle et des bronches. Toutes les séreuses (méninges, plèvre, péritoine, séreuses articulaires) sont enflammées par l'aconit. Il en est de même de la rate et du foie, car ce médicament donne facilement la jaunisse et les symptômes de l'hépatite.

L'action sur les centres nerveux est à peu près de même nature. Je vous ai dit que le cerveau était congestionné; cette congestion peut devenir très intense et, si elle d'a pas été jusqu'à l'hémorragie cérébrale, c'est que les expérimentateurs se sont arrêtés à temps ou qu'un saignement de nez est venu fort à propos. L'aconit agit autant sur l'hémisphère gauche que sur le droit, car la faiblesse paralytique se manifeste dans les membres aussi bien d'un côté que de l'autre et s'accompagne quelquefois d'aphasie ou au moins d'embarras de la parole. Ajoutez à cela des douleurs de tête, la sensation comme si elle était couverte d'une calotte de poix ou comme si le cerveau, devenu trop grand pour la cavité cranienne, menaçait de la faire éclater.

L'aconit altère peu l'intelligence et ne donne pas de délire; on éprouve surtout une grande anxiété et la crainte d'une mort prochaine, ce qui entraîne naturellement des pleurs et des gémissements. Le sommeil est empêché par une agitation analogue à celle que cause le café, ou troublé par des rêves si vifs qu'on en conserve un souvenir très précis après le réveil. Ces troubles du sommeil se manifestent de bonne heure, souvent dès la première nuit.

Sur les douze paires de nerfs craniens, sept sont atteintes par l'aconit : l'*olfactif*, car la finesse de l'odorat est exagérée ; l'*optique*, car la vision est troublée à tel point qu'elle peut être quelquefois abolie momentanément ; le *moteur oculaire commun*, ainsi que le démontre la chute de la paupière supérieure ; l'*auditif*, le *grand hypoglosse*, ainsi que permet de le supposer la difficulté de la parole causée par la paralysie des muscles moteurs de la langue. Mais l'action élective du médicament se porte spécialement sur la 5e et la 10e paire (*trijumeau* et *pneumogastrique*). Il provoque des douleurs névralgiques dans toutes les régions innervées par le nerf trifacial : tempes, région sus et sous-orbitaire, maxillaire supérieur et inférieur ; quelquefois on observe des spasmes des muscles faciaux, comme dans le tic douloureux.

Les trois organes animés par le pneumogastrique (cœur, poumon, estomac) sont les plus violemment atteints. Les doses très faibles ralentissent généralement le pouls et le rendent intermittent, mais les doses moyennes l'accélèrent et le rendent plus plein et plus fort. Le Dr Nicholson, qui a pris des tracés sphygmographiques, a toujours remarqué une plus grande verticalité de la ligne d'ascension et un dicrotisme très appréciable. Ajoutez à cela des palpitations, des douleurs à la région précordiale et une grande tendance à la syncope et vous aurez le résumé de l'action de l'aconit sur le cœur.

L'action sur le poumon se traduit par une toux quinteuse très précoce, par des crachements de sang, par

les troubles respiratoires les plus variés et les douleurs
thoraciques les plus intenses.

L'aconit agit peu sur la moelle épinière et beaucoup
sur les nerfs; généralement il excite les nerfs sensitifs
et paralyse les nerfs moteurs. La paralysie affecte souvent la forme hémiplégique et passe très facilement
d'un côté à l'autre.

La peau est peu atteinte; quelques sujets ont eu des
démangeaisons, des éruptions vésiculeuses, miliaires,
des furoncles. Ces phénomènes sont toujours tardifs.

L'aconit est un médicament fébrigène par excellence;
il produit deux sortes de fièvres. La première est précoce, caractérisée par l'élévation du pouls et de la tem-
pérature (Nankivell a observé une ascension d'un degré), terminée par une sueur critique; cela rappelle la
fièvre inflammatoire, symptomatique de l'inflammation
d'un organe. La seconde est une fièvre d'accès, qui rappelle la fièvre intermittente, car ses paroxysmes pré-
sentent les trois stades de frisson, chaleur et sueur. Ils
reparaissent rarement au bout de vingt-quatre heures,
jamais au bout de deux jours et souvent au bout de trois
ou cinq jours; leur intermittence est assez irrégulière.

Effets des doses toxiques. — Il y a deux sortes
d'empoisonnement, l'empoisonnement aigu et l'empoisonnement chronique. Je vous citerai comme exemple
du premier l'intoxication par les champignons véné-
neux, comme exemple du second le saturnisme et la
morphinomanie. Les manifestations en sont très différentes. Hunter avait déjà remarqué ce fait : « L'admi-
« nistration lente et longtemps continuée des médica-
« ments détermine, dit-il, des effets très différents de

« ceux que produit leur application soudaine (1) ».
Dans le premier cas les accidents sont violents, tumul-
tueux, compliqués par les efforts d'élimination que fait
l'organisme.

Dans le second il se produit deux phénomènes in-
verses : la tolérance, grâce à laquelle on arrive à sup-
porter impunément des quantités formidables de poison ;
c'est cette tolérance qui a permis à Schwarz de prendre,
sans en mourir, la quantité que vous savez. Le second
phénomène est l'éclosion d'accidents chroniques, pro-
fonds, insidieux, qui peuvent, à la longue, devenir irré-
médiables.

L'aconitisme chronique est à peu près inconnu.
MM. Jousset et Tessier sont les seuls qui, à notre connaissance, aient soumis des animaux assez longtemps à
l'action continue du poison. Il en est résulté une lésion
fort importante, un épaississement de la valvule mitrale, infiltrée de nodosités roses, inflammatoires.

M. Imbert-Gourbeyre attribue à l'aconitisme aigu
quatre formes différentes : 1° forme commune ; 2° forme
cholérique ; 3° forme convulsive ; 4° forme délirante. Je
propose d'en ajouter une cinquième, la forme syncopale,
et je vais vous citer un exemple de chacune d'elles.

1° *Forme commune.* — L'auteur de l'observation suivante est Reid, cité par Fleming :

« Un garçon de 14 ans avale à midi une forte
« dose de teinture d'aconit. Au bout de quelques minutes
« il se plaint d'une chaleur brûlante dans la bouche et
« l'estomac, puis de fourmillements avec douleurs lan-
« cinantes dans les extrémités. Bientôt il est pris de
« nausées et de vomissements, avec obscurcissement de

______

(1) *OEuvres complètes*, t. I, p. 535.

« la vue, céphalalgie, confusion dans les idées et dépres-
« sion musculaire complète. La face était pâle et tout le
« corps couvert d'une sueur visqueuse. Les vomisse-
« ments continuent pendant une heure et demie ; la
« confusion des idées, la faiblesse de la vue, la prostra-
« tion pendant près de quatre heures ; puis la brûlure de
« la bouche disparaît, les fourmillements persistent plus
« longtemps ; le soir il allait mieux ; le lendemain il était
« guéri. »

2° *Forme cholérique*. — L'observation suivante est
empruntée à Vincent Bacon :

« Le 5 février 1732, un individu tomba subitement
« malade après avoir mangé une salade de racines
« d'aconit. Le médecin promptement appelé lui trouva
« les yeux fixes, les dents serrées, le nez effilé, les
« mains, les pieds, le front froids et couverts d'une sueur
« froide ; pouls imperceptible, respiration si courte qu'on
« pouvait à peine la distinguer. Il y avait en outre des
« vomissements. »

On trouve nombre d'observations se rapprochant de
celle-ci ; un empoisonnement publié par Ogier Ward fut
pris pour un cas de choléra.

3° *Forme convulsive*. — Observation empruntée à
Noble Seward.

« Je soignais récemment une jeune fille de 13 ans
« pour une angine tonsillaire au début. Je lui donnai
« toutes les heures de la teinture d'aconit en gouttes
« (dose non précisée). A la quatrième dose il se déclara
« des symptômes manifestes d'empoisonnement. La ma-
« lade se plaignit d'abord de fourmillements et de pico-
« tements le long des bras et des jambes, puis il sur-
« vint de violentes convulsions consistant en spasmes

« tétaniques de tout le corps. La violence des convul-
« sions fut telle qu'on fut obligé de requérir deux hommes
« pour retenir la jeune fille au lit. Les convulsions pas-
« sées, la connaissance revenait complète. Les accès de
« convulsions durèrent trois jours et finirent par céder
« à la belladone. »

4° *Forme délirante*. — Celle-ci est la plus rare de
toutes. En voici un exemple emprunté à Read :

Un ouvrier ébéniste, atteint d'influenza, prit une teinture homœopathique d'aconit. Comme il trouvait que sa
maladie ne marchait pas assez vite, il eut recours à la
teinture de la pharmacopée anglaise, à la dose de
4 gouttes toutes les quatre heures. Alors les choses al-
lèrent beaucoup trop vite. Outre les symptômes ordi-
naires de l'empoisonnement par l'aconit, il éprouva les
suivants : « Mémoire dévoyée, hallucinations étranges ;
« il donnait un souverain pour un shilliug ; tous les ob-
« jets lui paraissaient grands outre mesure. Il laissa
« l'aconit pendant deux jours, mais les hallucinations
« persistèrent. » Puis il revint au médicament et en
prit, par erreur, 55 gouttes, ce qui provoqua naturellement une rechute : « Il se sentait malheureux et poussé
« à se détruire. Quand on le vit, le lendemain matin, il
« était dans le plus grand délire, débitant toutes sortes
« d'excentricités, s'imaginant voir autour de son lit des
« figures étranges, des spectres, etc. La raison lui reve-
« nait par instants. Il ne reconnaissait personne et mar-
« chait dans sa chambre d'une manière désordonnée ; il
« tremblait et disait qu'il avait chaud. Il éprouvait une
« sensation d'étranglement au-dessous du larynx et de-
« mandait qu'on le lui coupât. Le soir, il essaya de se
« couper la gorge avec un rasoir... On le saigna et on

« lui donna une potion stimulante. Le jour suivant, le
« délire continua. Il se plaignit de rétention d'urine, le
« sondage amena une grande quantité de liquide. La .
« prostration et le désir de se suicider continuèrent ; il
« demandait toujours un couteau pour enlever ce qui
« l'étranglait dans la gorge et cherchait à mettre une
« serviette et les rideaux du lit autour de son cou. Il
« guérit peu à peu. »

5° *Forme syncopale.* — L'exemple suivant est emprunté au rapport Vibert et l'Hôte.

« C'est vers 1 heure 1/2 que la dame G... but
« un petit verre à liqueur du poison ainsi que sa fille et
« le sieur G... Ces personnes n'éprouvèrent rien de par-
« ticulier pendant au moins une heure. Vers deux
« heures elles avaient pris place toutes trois à table et
« firent un déjeuner composé de gigot, de macaroni et
« de café noir. En prenant son café, la dame G... éprouva
« un malaise qui augmenta très rapidement ; elle passa
« dans sa chambre, s'étendit sur son lit, eut une sorte
« de syncope, puis se plaignit d'engourdissement dans
« les jambes. Elle mourut presque aussitôt après, à
« peine une demi-heure après le début du malaise, au
« dire de la demoiselle G... Elle n'a pas vomi, n'a pas
« eu de convulsions ni de délire. Le médecin, qui s'était
« rendu en toute hâte auprès de la malade, arriva lors-
« qu'elle venait de succomber. »

Vous voyez combien est grave l'intoxication aconitique ; cependant, si l'organisme a la force de la sup-
porter, rien n'égale la rapidité avec laquelle s'effacent
ses manifestations. Des ouvriers qui, la veille, se trou-
vaient entre la vie et la mort, retournent le lendemain
à leur travail comme si de rien n'était. Il en est de ce

poison si redouté comme du gorille, dont les muscles sont si vigoureux, dont l'étreinte irrésistible peut broyer un homme, et dont la vie est aussi facile à détruire que la colère à exciter. Cependant il ne faut pas trop s'y fier, car c'est un médicament à surprises et plusieurs sujets sout morts guéris, c'est-à-dire qu'ils s'étaient couchés n'ayant plus autre chose que de la faiblesse, et le lendemain on les a trouvés morts dans leur lit ; ils avaient fini par une syncope, le cœur en diastole.

Lésions anatomiques. — Je serai très bref sur les lésions anatomiques, qui n'ont pour beaucoup d'entre vous qu'un médiocre intérêt. Elles correspondent exactement aux symptômes observés sur le vivant, c'est-à-dire qu'elles offrent tous les degrés de l'inflammation, depuis la simple hypérémie jusqu'à l'hémorrhagie et même jusqu'à la gangrène. Dans les trois cas mortels du rapport Vibert et l'Hôte on a trouvé des ecchymoses sous-pleurales. Ce sont en général les organes respiratoires qui sont le siège des lésions les plus graves.

III

Puisque nous nous appuyons sur la loi des semblables pour utiliser les médicaments, cherchons quelles sont les maladies dont on retrouve des linéaments dans l'exposé symptomatique que vous venez d'entendre ; c'est contre elles que l'aconit sera efficace.

De prime abord ses allures dans l'organisme sain vous permettent de prévoir qu'il convient essentiellement aux maladies aiguës et fort peu aux maladies chroniques. L'une de ses principales indications est la fièvre, mais il ne faut pas croire que tous les états fé-

briles soient de son ressort. Au contraire c'est justement dans les cas où la fièvre constitue le fond même
de la maladie que l'aconit est le plus souvent impuissant.
En ce qui concerne les fièvres essentielles, vous n'y de-
vrez songer que dans les cas de *fièvre synoque* et de
fièvre intermittente quarte. Cette dernière indication a
été donnée par les anciens et Storck a insisté dessus.
L'action de l'aconit sur l'homme sain lui donne raison
dans une certaine mesure ; cependant je doute fort que
ce médicament ait, comme le sulfate de quinine, le
pouvoir de couper les accès. Je vous engage donc à
vous en tenir à l'indication très restreinte des anciens,
celle de la fièvre quarte, non compliquée, bien entendu,
d'accidents pernicieux.

Parmi les fièvres exanthématiques la *rougeole* et la
miliaire sont seules du ressort de l'aconit. Celui-ci produit bien le triple catarrhe oculaire, nasal et bronchique
de la rougeole, mais il ne donne pas d'éruptions lisses ;
aussi je ne vous conseille guère de le prescrire que
dans la période prodromique et dans la forme appelée
boutonneuse. Il faut avoir recours à la pulsatile contre
la forme commune. Il n'en est pas de même de la miliaire, dont on trouve une image très ressemblante dans
la pathogénésie de l'aconit. Il serait même bon d'essayer
ce médicament au début de la *suette miliaire*, maladie
épidémique heureusement fort rare ; dans les cas asse
nombreux où les symptômes gastriques prédominent,
il faudrait avoir recours à l'arsenic ou à l'ipéca, qui a
donné de très bons résultats à M. le Dr Boyer (1).

La fièvre aconitique par excellence est la *fièvre inflammatoire* ; c'est pourquoi, 9 fois sur 10, nous commençons

______

(1) Thèse inaugurale.

par ce médicament le traitement d'une maladie aiguë.

C'est pour avoir méconnu ces indications et donné l'aconit à tort et à travers contre toutes sortes d'états fébriles qu'Andral, en 1834, a partiellement échoué dans ses essais d'homœopathie. Pour que vous ne puissiez pas me reprocher le parti pris de dénigrer un homme aussi considérable, j'ai copié textuellement ses récits dans le *Bulletin général de thérapeutique.*

« *Aconit.* — Le globule est à la 24ᵉ dilution. — 1ᵉʳ malade, 25 ans ; maladie : gastrite ; symptôme prédominant : fièvre intense ; effets : 2 pulsations de moins dans les vingt-quatre heures et le lendemain une variole se déclare. — 2ᵉ malade : fièvre intermittente quotidienne ; symptôme prédominant : impulsion du cœur ; effet nul. — 3ᵉ malade : amygdalite aiguë ; symptôme prédominant : fièvre intense ; effet : diminution du pouls et du mal de gorge. — 4ᵉ malade : tubercules ; symptôme prédominant : fréquence du pouls ; effet : diminution du pouls. — 5ᵉ malade : arthritis aiguë ; symptôme prédominant : fréquence du pouls ; effet : cépéhlalgie vive ».

Franchement, lorsqu'un professeur de la Faculté de Paris ose présenter à ses confrères des notes télégraphiques dont la seule originalité consiste à être agrémentées d'erreurs de diagnostic qu'on ne permettrait pas à un étudiant de première année, ce qu'on peut dire de plus indulgent à son égard, c'est qu'il ne savait pas ce qu'il faisait ou qu'il s'est moqué du monde. Et, pour vous prouver péremptoirement qu'en essayant l'homœopathie Andral n'a jamais eu d'autre intention que de faire une aimable plaisanterie, je ne puis résister à la tentation de vous lire sa dernière tentative. Il s'agit de la noix vomique, qu'il a donnée à 3 malades. « Troisième malade, femme de 18 ans ; maladie : aménorrhée ; symptôme prédominant : envies de vomir ; effet nul. » Voyons, M. Andral, quel effet attendiez-vous donc ? Mais c'est trop heureux qu'il n'y ait pas eu d'effet, heureux pour vous, Madame et Bébé.

Après les fièvres inflammatoires les maladies auxquelles l'aconit convient le mieux sont les *congestions* et les *inflammations*. C'est en quelque sorte le spécifique de la congestion cérébrale, même lorsque le mouvement congestif a été jusqu'à rompre les vaisseaux et produire une hémorragie. A plus forte raison est-il indiqué dans l'apoplexie pulmonaire.

Les inflammations sont également de son domaine, cependant il faut bien préciser le moment de son application. Il convient surtout au début, pendant ce que nous appelons la période d'augment ; lorsque la maladie a atteint la période d'état, il faut songer à autre chose. Je ne ferai d'exception que pour la pneumonie, parce que l'on a observé sur l'homme sain des crachats rouillés. Enfin lorsque l'inflammation tourne à la suppuration l'aconit est formellement contre-indiqué.

Il y a une maladie congestive et inflammatoire, légère au début, mais très incommode et qu'il ne faut pas négliger, c'est le *rhume de cerveau*. Les mauvaises langues ont prétendu, vous le savez, que le seul progrès que les médecins aient su faire dans le traitement de cette maladie a été de l'appeler *coryza*. L'emploi de l'aconit est un progrès de plus. Lorsque vous sentirez les malaises bien connus qui caractérisent la venue du fameux coryza, prenez l'aconit coup sur coup, tous les quarts d'heure ou toutes les demi-heures, et le mal sera promptement enrayé. En général tout est dissipé en moins de vingt-quatre heures.

Il y a encore une maladie aiguë contre laquelle l'aconit est un médicament essentiel, c'est le *rhumatisme* ; il convient non seulement à la fluxion articulaire, mais aux complications oculaires et cardiaques qui rendent cette affection si redoutable.

Vous avez vu que l'intoxication aconitique présente quelquefois une ressemblance frappante avec le *choléra* ; c'est justement aux formes les plus graves, à la forme algide et à la forme asphyxique d'emblée qu'elle ressemble le plus. S'il y a prédominance des selles riziformes ou des crampes, il faut songer à d'autres médicaments, comme le veratrum et le cuivre. L'efficacité de l'acoint dans le choléra a été démontrée cliniquement par un des nôtres, Cramoisy, qui a publié, il y a vingt-cinq ans, plusieurs cas de guérison. Malheureusement il a voulu en tirer des conclusions hasardées et en déduire que le choléra est une phlegmasie. Cela a gâté sa cause et son mémoire a été accueilli très froidement.

Il y a une autre maladie infectieuse qui peut bénéficier de l'aconit, c'est l'*influenza*. Vous vous rappelez qu'au début de l'épidémie, il y a trois ans, la maladie commençait le plus souvent par un accès fébrile très intense, avec turgescence de la face, maux de tête et accidents congestifs divers. Cet accès durait de douze à quarante huit heures et constituait quelquefois toute la maladie. Dans ces cas-là j'ai toujours prescrit l'aconit et je m'en suis toujours bien trouvé.

Le choléra et l'influenza sont les seules maladies infectieuses qui soient justiciables de notre renonculacée. Quelques homœopathes, et des meilleurs, l'ont préconisée contre une troisième, le croup, mais je proteste contre cette erreur. L'aconit, ne produisant jamais d'exsudats sur le sujet sain, ne saurait convenir à une

affection caractérisée par des fausses membranes. A la
vérité, le croup commence souvent par un mouvement
fébrile qui n'a rien de caractéristique et que l'aconit
peut atténuer ; c'est dire que ce médicament peut ne pas
être inutile dans la période initiale, tellement initiale
qu'il est encore impossible de diagnostiquer la maladie.
Mais il ne répond ni à la toux croupale, ni à l'engorge-
ment des glanglions cervicaux, ni aux fausses membranes, il doit donc être exclu [du traitement dès que le
croup est déclaré.

L'aconit, produisant des douleurs névralgiques, doit
guérir les névralgies. Il y en a deux contre lesquelles il
est particulièrement efficace, c'est la névralgie intercos-
tale, qu'on appelle aussi *pleurodynie*, et la *névralgie
faciale*, même lorsque celle-ci affecte la forme la plus
désespérante, celle du *tic douloureux*. Pour confirmer
mon dire permettez-moi de vous conter une petite anec-
dote : Il y a quelques années je soignais une enfant dans
un couvent de la rue de Sèvres. Lors de ma première
visite, la supérieure me dit, non sans une pointe de
malice: Nous n'avons su que faire pour soulager la petite
malade en attendant votre arrivée ; on veut qu'elle soit
traitée par l'homœopathie et nous ne savons pas ce que
c'est que l'homœopathie. Avec la médecine ordinaire
nous pouvons donner des tisanes, des purges, des cata-
plasmes, mais avec l'homœopàthie nous sommes tout à
fait désarmées. Je ne répondis rien et guéris la petite
malade, qui n'avait pas grand'chose. Puis je retournai
la voir, non plus à titre de médecin, et l'on m'avertit un
jour que la supérieure désirait me parler. Elle me confia
qu'une de ses religieuses était atteinte d'une névralgie
faciale terrible, qui avait résisté jusqu'alors à tous les
traitements: bromures, cocaïne, morphine, etc., et

qu'elle voulait essayer si elle ne serait pas plus heureuse en changeant de médication. Je prescrivis une potion d'*aconit*, 6ᵉ, V gouttes dans 250 gr. d'eau, une cuillerée de trois en trois heures. Le surlendemain la malade ne souffrait presque plus et l'homœopathie était vengée.

Je ne connais guère que trois maladies chroniques auxquelles l'aconit puisse faire du bien : une névrose, (l'*hystérie*), les maladies du cœur et l'éphydrose.

Les allures capricieuses de ce médicament, la mobilité de ses symptômes, l'anxiété, les accès spasmodiques avec tendance à la syncope, les paralysies de forme hémiplégique avec transfert d'un côté à l'autre, tout cela est bien hystériforme. La clinique a démontré que l'aconit est surtout efficace contre les accès survenus à la suite d'une frayeur ou d'une violente émotion morale ; je vous le conseille aussi dans les paralysies qui ont coïncidé avec la disparition d'autres manifestations de la maladie.

Je n'insisterai pas longtemps sur les affections du cœur. Tout ce que je vous ai dit de l'action de l'aconit sur l'appareil circulatoire prouve qu'il est un médicament capital dans les *lésions de la valvule mitrale* qui n'ont pas encore atteint la période d'asystolie. Il mérite également d'être utilisé dans l'*insuffisance aortique*.

L'*éphydrose* est une maladie très rebelle, que je n'ai jamais observée que chez les femmes et qui se déclare généralement à l'âge critique. Elle consiste dans l'apparition de sueurs profuses pour la cause la plus futile : un léger effort physique ou intellectuel, la moindre émotion, un coup de sonnette, la chute d'un objet, etc. Cette sueur est généralement visqueuse et glaciale, de sorte qu'elle rend les malades extrêmement pusillanimes. Les malheureuses en arrivent au point d'être obligées de changer de la tête au pied au moins dix fois dans une journée et tournent toujours dans un cercle vicieux; plus elles transpirent, plus elles ont besoin de se couvrir; plus elles se couvrent et plus elles transpirent. La maladie se termine souvent par une pneumonie mortelle ou bien elle épuise les malades et les conduit lentement au tombeau. M. Imbert-Gourbeyre a publié en 1855 un mémoire sur cette maladie, mémoire dans lequel il a rapporté plusieurs cas de guérison par l'aconit.

Je ne peux abandonner mon sujet sans vous dire un mot des doses le plus convenables. Vous savez qu'en posologie les allopathes et les homœopathes ont des manières de faire diamétralement opposées. Les premiers, préoccupés surtout de frapper fort, donnent du médicament le plus qu'ils peuvent et ne s'arrêtent qu'à la limite dangereuse. Ils ne se doutent pas qu'en agissant ainsi ils faussent leur instrument. En effet, s'il est vrai, comme je vous l'ai dit tout à l'heure, que les diverses doses n'agissent pas de même, il s'ensuit qu'un médicament approprié par ses doses moyennes à une maladie déterminée, ne l'est plus quand on le donne à dose toxique. Les homœopathes, en réalité fort rares, qui sont partisans exclusifs des doses les plus infinitésimales, commettent la même faute en sens inverse. Pour en revenir à l'aconit, il est tout aussi mauvais de donner 30 ou 40 gouttes de teinture-mère dans les névralgies et la congestion buccale ou cérébrale que de prescrire la 30ᵉ dilution contre le choléra. En résumé, lorsque vous avez affaire à un état morbide correspondant aux effets immédiats de l'aconit et aux effets de ses doses les plus faibles, comme les névralgies, les saignements de nez, les troubles du sommeil, les congestions, administrez de hautes dilutions. Aux états morbides qui correspondent aux effets tardifs, produits par les doses moyennes, comme la péritonite, la pneumonie, la fièvre quarte, les affections cardiaques et cutanées, l'hystérie et l'ephydrose, il faut opposer des doses moyennes (de la 6ᵉ dilution à la teinture-mère). Enfin les accidents cholériformes et méningitiques étant l'apanage exclusif des doses toxiques, traitez les maladies correspondantes avec la teinture-mère, distribuée *larga manu*.

J'ai fini, Messieurs, et je m'estimerai heureux si j'ai pu vous convaincre que la méthode homœopathique est d'une merveilleuse fécondité. Avant Hahnemann quels éléments possédait-on pour découvrir les vertus curatives des médicaments? Aucun. L'emploi des remèdes indigènes reposait sur la tradition, tradition toujours vague et altérée par le passage à travers les siècles et un nombre illimité de générations humaines. Celui des remèdes exotiques reposait sur la tradition plus fallacieuse encore de peuplades barbares; en dehors de cela on était à la merci du hasard et de l'empirisme le plus aveugle. Hahnemann paraît et la scène change; à peine l'homœopathie a-t-elle mis le pied sur le sol américain que nous voyons surgir comme par enchantement une centaine de médicaments précieux, empruntés à sa flore, comme l'*actæa racemosa*, le *baptisia*, le *caulophyllum*, le *gelsemium* et tant d'autres. Par un hasard vràiment providentiel, ces drogues, notoirement homœopathiques de l'autre côté de l'Océan, perdent leur nationalité pendant la traversée et obtiennent dans vos codex leurs lettres de naturalisation. Vous les croyez toutes neuves et pour un peu vous vous flatteriez de les avoir inventées. Erreur! Ce que vous prenez pour des jeunesses, ce sont de respectacles duègnes qui ont déjà fêté leur jubilé sur les rives de l'Hudson ou du lac Michigan. Aussi, le nouveau monde s'étant montré pour nous si prodigue, nous convoitons les trésors thérapeutiques encore cachés au plus profond des continents mystérieux de l'Afrique et de l'Australie. Nous saurons bien leur arracher leurs secrets et nos descendants auront l'indicible satisfaction d'être mieux armés pour reculer plus avant dans la vieillesse les limites de la vie et pour amoindrir l'empire toujours trop vaste et trop tyrannique de la douleur. Ce n'est pas tout : vous savez combien de substances nuisibles conspirent journellement contre notre santé. Faut-il vous rappeler les intoxications professionnelles et les corps qui, comme le tabac et l'absinthe, nous font chèrement payer des jouissances dont nous sommes toujours prêts à faire abus? Mais, ainsi que vous l'a fait remarquer précédemment M. Gonnard, que peuvent bien vous dire ces intoxications, à vous qui n'admettez que la loi des contraires? Vous y voyez des maux nouveaux à ajouter au martyrologe déjà trop long de l'humanité. Vous leur opposez, non sans succès, des mesures prophylactiques et hygiéniques que je suis le premier à déclarer excellentes. Mais après? Après, ces souffrances ne sont pas perdues pour nous, homœopathes; nous nous en servons, au contraire, pour faire jaillir le bien du mal lui-même et pour transformer ces instruments de mort en agents salutaires de guérison. Tout le mérite en revient à Samuel Hahnemann, qui a mis la médecine en mesure de décupler, que dis-je, de centupler ses bienfaits.

Paris. — Typ. A. DAVY, 52, rue Madame. — *Téléphone.*